合肥市西园新村小学
"小天鹅课程"丛书
HEFEI SHI XIYUANXINCUN XIAOXUE
"XIAOTIAN' E KECHENG" CONGSHU

安全的翅膀

ANQUAN DE CHIBANG

主编 朱莉萍

时代出版传媒股份有限公司
安徽文艺出版社

图书在版编目（CIP）数据

安全的翅膀/朱莉萍主编. 一合肥：安徽文艺出版社, 2017. 3
（2024. 7 重印）
ISBN 978-7-5396-5721-9

Ⅰ. ①安… Ⅱ. ①朱… Ⅲ. ①安全教育－小学－课外读物 Ⅳ. ①G624. 103

中国版本图书馆 CIP 数据核字(2016)第 078779 号

出 版 人：姚　巍　　总 策 划：朱寒冬
责任编辑：刘姗姗　周　丽　　装帧设计：徐　睿

出版发行：安徽文艺出版社　www.awpub.com
地　　址：合肥市翡翠路 1118 号　邮政编码：230071
营 销 部：(0551)63533889
印　　制：安徽芜湖新华印务有限责任公司 (0553)3916126

开本：880×1230　1/32　印张：2. 625　字数：80 千字
版次：2017 年 3 月第 1 版
印次：2024 年 7 月第 2 次印刷
定价：20. 00 元

《安全的翅膀》编委会

序

课程是一所学校的灵魂，有什么样的学校课程，就有什么样的学校生活；有什么样的学校生活，就会培养出什么样的学生。由此看，课程是学校一切工作的核心，西园新村小学的课程理念：小天鹅从这里起飞。每一个孩子都是一只正在蜕变的小天鹅，每一个孩子都是即将展翅飞翔的小天鹅。我们尊重每一个孩子的成长过程，尊重每一个孩子的独特个性。为了让更多的“小天鹅”能早日展翅高飞，学校设计了丰富多彩的课程，开发了极具特色的校本教材。

2010年暑假，学校给西小所有教师布置了一份特殊的暑假作业：自编一本校本教材。开学后学校组织骨干教师从一百多本教师自编教材中精心挑选出6套：《小学生礼仪手册》《心理健康教育》《综合材料创意制画》《话说咱合肥》《安全的翅膀》《少儿形体训练》，作为学校的重点校本课程进行开发。在编写人员的安排上学校又打破学科界限，创新组合，组织了十几位骨干教师成立校本教材编写委员会，利用寒暑假时间再次集中编写。经过整整一年的精心编撰、反复修改、专家论证，一本本内容丰实、印刷精美的校本教材终于破茧而出与广大师生见面。从 2011 年到 2016 年,学校在校内进行尝试:将老师们开发的这 6 套校本教材与国家规定的《品德与生活》《综合实践》等课程有机结合,成为西园新村小学的必修课程,由学校统一印刷,作为循环教材供学生免费使用,在使用上做到分层实施、科学设置、合理安排、系统有序。经过 5 年的使用,实践证明这 6 套教材受到了同学们的喜爱,更得到很多校外的老师和同学的青睐,他们想方设法地想借到这套丛书一睹为快。

2016年,学校组织老师将这 6 套读本再次打磨修订,并将书名重新修订为:《文明礼仪我先行》《心理加油站》《创意剪拼贴》《话说咱合肥》《安全的翅膀》《小天鹅从这里起飞》。经过 5 年的实践和沉淀,这 6 套教材更像一只只刚刚蜕变的小天鹅,从西园新村小学开始起飞,飞向更广阔的天空,带给更多人知识和惊喜。愿更多的读者能从中汲取力量,幻化为一只只追寻自己梦想的小天鹅,飞向更广阔的天空。

合肥市西园新村小学　朱莉萍

前 言

安全无小事，高度重视校园安全，是做好一切工作的前提和保障。校园安全与我们每位师生息息相关，它事关每位同学能否健康地成长、顺利地完成学业，事关很多家庭的幸福，也关系到我们每位老师能否在一个安全的环境中教书育人，甚至关系到整个社会的稳定。因此，我们必须牢记"安全无小事""隐患就是事故"。

首先学校、家庭、学生都要有强烈的安全意识，重视安全管理和对学生进行经常性的安全教育及自我保护教育，这样才能使学校有一个安全、稳定的教育教学环境，才能保证学生健康地成长。对小学生来说，一定要多学习一些有关安全教育方面的常识，加强安全意识，多掌握一些安全方面的知识和逃生的技能，这样才能远离危险，减少意外伤害的发生。为此我们特意编排了《安全的翅膀》这一校本教材，对学生进行全面的安全教育，减免安全事故的发生。

目录

第一章　校园行走规范

孩子是祖国的希望和未来，为孩子创造一个健康、安全的学习环境，让孩子有一个清净、安全的校园环境，可以说是全社会共同的责任。然而，现实却是不尽如人意，青少年意外伤亡时有发生，一幕幕悲剧在现实生活中上演。为切实加强学生在校园内行走规范，根据《校园安全法》《中小学生守则》《中小学生日常行为规范》，并结合我校实际情况，特制定学生校园行走规范。

第一课　上下楼梯时的安全

安全警钟小故事

故事一：2009 年，某小学六年级一班的胡某经常从教学楼三楼的楼梯扶手往下滑。一天，当他玩得正高兴的时候，悲剧发生了。突然，他失手从三楼摔到了二楼楼梯上。胡某的头部、口、手受重伤，血流不止。经医治，用去医药费 5000 多元，胡某的头部还留下了后遗症。这是他自己不小心造成的安全事故，费用全部由其家长承担。胡某对自己的行为十分后悔，但为时过晚。

故事二：2009 年 1 月 29 日上午 9 时许，正是学校课间操时间。乌鲁木齐阿克苏第五小学的学生们下楼至楼梯口时发生拥挤，在教学楼二楼通往一楼狭窄的楼梯处，前面的学生摔倒后，后面的学生来不及停下来，直接冲下楼梯而引起了严重的踩踏事件。当时铁制的楼梯扶手被挤压变形，造成学生被挤伤、摔伤，共有 123 名学生被送往阿克苏地区第一人民医院进行救治。

故事三：2009 年 12 月 7 日 21 时许晚自习下课时，由于下雨，湖南省湘潭市辖内的湘乡市私立育才中学，52 个班的学生大部分从离宿舍比较近的一号楼梯下楼，但有几个调皮的男生将楼梯口堵住，结果导致事故发生。其中有 8 名学生罹难，26 人受伤。

以上几个案例给我们留下了深深的思考，也给所有人敲响了警钟。安全事故无大小，要注意每一个细节。同学们在上下楼梯时一定要注意不要打闹，要有序地上下楼梯，要懂得礼让别人，千万不要让悲剧再次发生。

安全自护小窍门

1. 上下楼梯相互礼让，靠右行走，遵守秩序，注意安全。

2. 不在楼梯或狭窄通道嬉戏打闹，人多的时候不拥挤、不起哄、不制造紧张或恐慌气氛。

3. 尽量避免到拥挤的人群中，不得已时，尽量走在人流的边缘。

4. 上操集合、下课放学按照学校的安排，分班级、分楼层、分时间依次上下楼梯，前后班级保持一定距离，不要争先恐后，要确保每一个学生的安全。

5. 发觉拥挤的人群向自己的方向走来时，应立即避到一旁，不要慌乱，不要奔跑，避免摔倒。

6. 顺着人流走，切不可逆着人流前进，否则，很容易被人流推倒。

7. 如果陷入拥挤的人流，一定要先站稳，身体不要倾斜失去重心，即使鞋子被踩掉，也不要弯腰捡鞋子或系鞋带。有可能的话，可先尽快抓住坚固可靠的东西慢慢走动或停住，待人群过去后再迅速离开现场。

8. 若自己不幸被人群推倒，要设法靠近墙角，身体蜷成球状，双手在颈后紧扣以保护身体最脆弱的部位。

9. 在人群中走动，遇到台阶或楼梯时，尽量抓住扶手，防止摔倒。

10. 在拥挤的人群中，要时刻保持警惕，当发现有人情绪不对，或人群开始骚动时，要做好准备保护自己。

11. 在人群骚动时，要注意脚下，千万不能被绊倒，避免自己成为拥挤踩踏事件的诱发因素。

12. 当发现自己前面有人突然摔倒了，要马上停下脚步，同时大声呼救，告知后面的人不要向前靠近，及时分流拥挤人流，组织有序疏散。

13. 爱护楼梯间设置的指示、警示标志及安全指示灯等，发现损坏，立即报告。

14. 发生踩踏事故时应听从老师和管理人员的指挥，按相关预案向有关部门（巡警110、火警119、医疗急救120、交警122）求救和做出相应处置。

读一读：

上下楼梯行走规范：

1. 靠边行走。

2. 依序拾级而上，或逐级而下，不可跳级，以免踏空而摔倒。

3. 不可奔跑，只可步行。

4. 团体行进上下楼梯时，行间应保持适当距离，以免冲撞、推挤，发生意外事故。

5. 不可在楼梯间玩耍嬉戏。

温馨提示：楼梯、楼道上不是玩的地方，在此玩耍容易发生安全事故，甚至有生命危险。

安全自护小博士

遇到楼道人多拥挤时，你该怎么做？

第二课　在走廊及转角处行进时的安全

安全警钟小故事

故事一：2010 年 10 月，某校五年级一位同学张某下课时去上厕所，另一位同学李某躲在厕所门口。等张某走近时，李某从走廊另一边突然跳出来吓了他一跳，受到惊吓的李某突然向后仰，头碰到了后面的同学，几个同学摔在一起，其中 2 个同学受伤。

故事二：2010 年 10 月，某校四年级同学吴某和张某下课在教室门口的走廊相互追逐打闹，撞倒了一位一年级的女生，导致这名女生的手骨折了，花去医药费近 4000 元，2 名学生各赔偿 2000 多元。

故事三：2010 年 12 月，某校一位五年级同学在下课时跑着去上厕所，在行政办公室旁的转弯处，与从后操场过来的一个六年级同学相撞，2 个同学倒在地上，均受到不同程度的伤害。

安全自护小窍门

1. 在走廊行进时，应尽量靠右边行或者靠两边行。

2. 不可在走廊上奔跑和打闹。

3. 行进至转角处时，不可突然冲出。

温馨提醒：在转弯处要防止与人、物、车相撞。同学们应该减慢速度，仔细观察周围的环境，要懂得谦让，避免碰撞事故发生。

第三课 有车辆进出校园时的安全

安全警钟小故事

故事一：2010年12月的一天下午，某校放学后，全校同学到操场集合。当路队刚走出校门时，一位同学走路时望着街上，当他回过头来时，正好撞在一辆停在路边的摩托车上，幸好只受了一点小伤；还有一个同学随着路队走，由于长时间望着后面，不注意路上的障碍物，以致滚到了路边的一丛荆棘里，全身多处划伤。

故事二：2011年3月的一天下午，放学后，某校几位四年级同学在校园外玩耍。一位同学蹲在一辆货车的后面，货车司机并没有注意到有人在车后。当车发动时，这个同学不幸被车撞伤了。

安全自护小窍门

1. 不在车道及停车场附近逗留、嬉戏。

2. 不在静止车辆的两侧，尤其是车后逗留或嬉戏，因为车辆四周是驾驶员视线的死角，驾驶员可能因看不见而造成事故。

安全自护小博士

校园里如有车辆进入，你该怎么办？

第四课　家长接送学生上学、放学的安全

安全警钟小故事

故事一：吓人！放学路上小男孩被车撞飞。某天下午，小明从电脑培训班放学后和一位小伙伴一起回家。走到一个十字路口时，他和小伙伴爬到路边的一块大石头上去玩。据当时正在路口做生意的三轮车师傅陈先生回忆："这两个孩子开始都玩得很开心，后来不知道为啥争吵起来，两人开始在路口相互追赶打闹。"下午3时左右，小明在小伙伴的追赶下往东边的大路上跑，不料这时一辆面包车正从旁边的一条小路行驶过来。

陈先生告诉记者："小明开始是在路边奔跑，哪晓得他被小伙伴追急了，突然一下往路中间冲了过去，正好跑到了面包车前面……"而面包车司机李师傅称："他们来得太突然了，我根本来不及反应，我发现他的时候就赶紧刹车，但还是来不及了。"小明被面包车重重地撞击，只听嘭的一声，摔落在大约两米远的地方，顿时鼻子、耳朵血流如注，地上留下一摊殷红的鲜血……

故事二：某小学每天中午放学的时候，几百名放学的孩子在

学校大门里排着队，准备出门，校门口还有1名协警员。学生们准备妥当后，老师一声令下，校门打开，2名护导的高年级学生从学校里跑出来，在学校门前的路上一站，护导旗一举，两面开过来的车全部停下，学生们排着队迅速通过马路。虽然没有了集中进出校门的学生，但仍有学生不时进出校门，穿梭在学校门前的马路上。半个小时里，有40余辆车从学校门前经过，虽然校门旁有"前方学校"的提醒牌，但是到了学校门口斑马线处主动减速的车只有三四辆，绝大部分的车只要看到人行道上没人，就保持着原来的车速呼啸而过。其中一辆车与几个嬉闹着冲向斑马线的学生擦肩而过。

每天下午3时许，虽然还没到放学时间，某小学门口已经很拥挤。街道两侧，各式汽车排起了长龙，校门前和周边人行道上挤满了摩托车、自行车，还有不少三轮车。有许多开车接送学生的家长把校门口的路都堵上了。

下午4时许，学校门口，人行道上停满了车，不少家长还将电动车、摩托车停在机动车道上，接了孩子后直接违章掉头；一旦双方互不相让，就造成严重的交通堵塞，现场交通基本瘫痪。家长的呼喊声、汽车的鸣笛声混成一团。不少学生就在车流里穿来穿去，这些都造成了极大的安全隐患，也是现在各所中小学校普遍存在的现象。

安全自护小窍门

1. 家长如开车，或骑乘电动车、摩托车接送学生上、下学，请勿在校门口停车让学生下车，更不可将车开进校园。请勿只顾自己方便，造成其他学生的不便。

2. 较适当的下车地点是在接近学校的路口，让孩子下车后，遵守学校交通服务队及护导老师的指挥进入校园。

安全知识小博士

上学、放学时，家长接送车辆执意要停到学校附近，你该怎样劝说？

第二章　交通安全常识

随着我国交通运输事业的蓬勃发展，各种交通事故在全国各地时有发生，轻则导致财产损失，重则造成人身伤亡！由此而给当事者及其家庭、单位和国家造成不幸和损失，不可想象……

据统计，近百年来，全世界死于车祸的人数已有4000多万人，并且现在每年仍以超过40万人的速度递增；新中国成立以来，我国仅道路交通事故就已发生了500多万起，死亡人数有100余万人，青年学生占到10%～20%。这是多么可怕而又巨大的现实数字，这是多么令人痛心而又十分震惊的惨重代价！这些受害者的鲜血，这些无辜者的生命，这些惨重的代价，对我们每一个人、每一个家庭、每一所学校、每一个单位、每一个行业、每一个部门乃至全社会和全世界，都鸣起了警号、敲响了警钟——“交通安全，人人有责；从我做起，身体力行”！

第一课　乱穿马路和铁路的危害

安全警钟小故事

故事一：2004 年 10 月 27 日晚，某大学大四女学生李某走到一个十字路口过人行横道时，虽然是红灯，但是她看到马路上没有车就准备走过去。这时，不知从哪里突然冒出一辆中型客车，速度非常快。司机见到前方有人，紧急转动方向盘，但车尾仍把李某撞飞。经过几十个小时的抢救，李某不治身亡。

故事二：2010 年 5 月 18 日下午 2 时，咸阳市某中学八年级的一名学生，在上学途中路经渭河电厂运煤专用铁路时，前三名学生都已经过了铁路，这位学生是最后一个，于是想冲过去，结果意外发生了，场面惨不忍睹，这名学生当场死亡。妈妈闻声赶来，失声痛哭，亲人们也悲痛欲绝，一位可爱的男孩就这样结束了他短暂的生命。

安全自护小窍门

学生在路上行走时，除了要遵守前文已述及的行人在路上必须遵守的有关交通规则外，还需要注意下列安全问题：

1. 须遵守交通信号、交通标志和交通标线的各种规定，不要乱穿马路和铁路。

2. 在过没有交通信号灯的人行横道时，应当左右观察来往车辆的情况，确认安全后再过马路；不得在车辆临近时突然横过或者中途倒退、折返。

3. 过马路时要注意观察交通信号灯的变化。红灯亮时，不能过马路；绿灯亮时，也要看清左右，确定没有车来，才可以过马路；如果过马路过了一半时信号灯变了，要赶快过马路，千万不要惊慌。

4. 不得在车行道内停留、嬉闹；不得有追车等妨碍道路交通安全的行为。

5. 在列队通过道路时，每横列不得超过 2 人。遇人行横道较窄或者行人较多、行进有困难的情况，成年人的队列可以紧靠机动车道右侧通行。

6. 过马路时如果有人行地道和天桥，必须走地道和天桥。

7. 若发生交通事故，要及时拨打 122 电话报警；若发生其他事故，则要及时拨打 110 电话报警。

安全自护小博士

1. 为什么说交通安全问题至关重要？

2. 本课中的案例，对你有何教育和警示作用？

第二课　在马路旁玩耍的危害

安全警钟小故事

一天傍晚，王诚瞒着爸爸妈妈溜出家门找小朋友玩捉迷藏。一个小朋友在前面逃，王诚在后面追，不知不觉中跑到一个十字路口。被追的小朋友怕被捉住当“俘虏”，就飞快地奔到了马路对面。王诚又一心想追上他，也急急地冲过马路。就在这时，一辆小车驶来，司机虽然发现了王诚，马上猛踩刹车，但由于距离太近，小汽车的右后轮仍然碰到了王诚的双腿，他倒下了，鲜血流了一地。后来王诚虽然被及时送到医院，但由于伤势太重，当天夜里，医生们做出了截除他右腿的决定，如果不这样做，一旦伤口恶化，性命就难保。王诚虽然活了下来，但右腿却永远失去了，从此，再也不能和小朋友一块蹦蹦跳跳地玩了。

安全自护小窍门

1. 当在马路边遇到打架斗殴、出现事故或围观人群较多时，不要因为好奇而观看。

2. 不要一边走路，一边吃东西或打闹玩耍。这样既不卫生，又不雅观，还不安全。

3. 不准在街道和公路上学骑自行车、摩托车或游戏、打闹、坐卧和睡觉等。

安全自护小博士

在平时上学、放学的路上你应该怎么做？

第三课 学生无证驾驶摩托车的危害

安全警钟小故事

2004 年 7 月 5 日，台山汶村镇刚毕业的 17 岁男中学生陈某，驾驶摩托车搭载三个同学由汶村往海晏方向行驶。晚上 8 时多行至风村择美路口路段时，车辆失控侧翻，造成摩托车损坏，四人不同程度地受伤，其中驾驶人陈某被送到医院后经抢救无效死亡。

有些学生安全意识淡薄，心理不成熟，看到同伴骑摩托车上学觉得很时尚，自己就跟风模仿，而家长对孩子缺乏有效的管教，甚至放任其无证驾驶，造成安全隐患。

安全自护小窍门

1. 年龄不满 18 岁的学生不准驾驶摩托车。乘坐摩托车必须戴安全头盔；乘坐摩托车时不准打伞、不准侧坐、不准站立。

2. 骑单车不能鲁莽，要注意安全，守法行驶；乘坐机动车必须注意交通安全；乘坐公共汽车或旅游车时，不得在车上嬉戏喧闹或做出影响司机驾驶的行为。

3. 骑自行车超越前车时，不准妨碍被超车的行驶。

4. 乘坐汽车靠近窗边位置的，不得将身体任何部位露出或伸出车窗外，避免会车或车外物的碰刮；不得随意在车上向外抛散东西，避免伤及他人；车未停稳不能下车，避免摔倒造成事故。

安全自护小博士

未成年人应该怎样骑车和乘车呢？

第三章　消防安全常识

火与人们的日常工作、学习和生活息息相关。火，既能造福于人类，又能给人类造成无情的灾害。常言道：“水火无情。”火灾的发生，常常会给人们的生命财产造成极大损失。因此，消防安全，特别重要！

同学们，无论你在校学习还是放假回家，无论在校内还是在校外，都要具有较强的防火意识和消防意识，认真学习和掌握消防安全知识，养成良好的行为习惯，自觉维护消防设施，坚决预防和杜绝各种火灾事故的发生！

当然，如果发生火灾或遇到火灾时，希望同学们不要惊慌失措、无所适从，而应当快速反应、灵活应变，机智勇敢地采取各种科学、有效的急救措施，尽快灭火，减少灾害，尽快脱险，火中逃生！

我们希望本篇所介绍的各种知识，能对全校每一位学生在消防安全方面都有所帮助！

第一课　春游野炊酿火灾

消防警钟小故事

2001 年 4 月 5 日上午，山西省某学校共 256 名学生，在 10 名老师的带领下，到七八里以外的山上去春游，不料因学生野炊引起大火，造成当场烧死学生 29 名、重伤 1 名、轻伤 3 名的恶性事故。

消防自护小窍门

1. 教师和家长带孩子外出野游、打猎、放牧、采药时不要带火种进山，不准在山林地区吸烟。

2. 学校组织学生到山林地区旅游时，严禁组织野炊、篝火等活动。

3. 随家长进山上坟，不要焚香烧纸。清扫一下坟墓，献上一束鲜花，同样可以寄托对亲人的哀思。

消防知识小博士

本课中的案例，对你有何教育和警示作用？

第二课　怎样避免公共场所的火灾

安全警钟小故事

2002年12月8日，某市教育局组织全市学生在友谊馆举行汇报演出时，突发大火。约1分钟后，电线短路，灯光熄灭。剧厅内各种易燃材料迅速燃烧后，产生大量有毒有害气体，致使众多师生被烧或窒息，伤亡极为惨重。本次事故共死亡325人，其中学生288人，干部、教师及工作人员37人，受伤住院者130人。

安全自护小窍门

1. 禁止学生携带烟花、爆竹、砸炮、火柴等易燃易爆物品进校。

2. 实验用的易燃易爆物品，要有专门库房存放，随用随领，不要随意存放。

3. 注意经常检查电器设备的安装使用情况，用完后要切断电源。

4. 不带火种不携带易燃易爆物品（如汽油、酒精等）去公共场所，或乘坐公共交通工具。任何人发现危及公共消防的行为，都可向公安和消防部门举报。

5. 影剧院、商场、图书馆、公园、体育馆等公共场所的电器设备、开关等，都不要乱摸、乱动。

6. 若公共场所发生火灾，逃生时不要慌，不要乱，更要有秩序。

消防知识小博士

在学校及公共场所怎样注意防火？

第三课　措施得当，火中逃生

消防警钟小故事

2012 年 4 月的一天，某市一个小区发生了一场特大火灾，大火吞噬了 5 条街道，烧死烧伤几十人。而住在六楼的几户居民在整幢大楼烈火熊熊的情况下，却奇迹般地生存下来。奇迹是怎样发生的呢？原来当大火袭来已无法突围时，这几户居民没有惊慌失措，而是立即行动起来，先把阳台上堆放的木柴扔掉，然后将家中所有被褥、毯子和棉衣、棉裤，用水浸湿，蒙在门窗上，并不断向床上、地面及屋内所有可燃物品上洒水，始终没让火焰烧进房内。夜间火势减弱后，他们打开手电筒向楼外呼救。消防人员发现后，把他们抢救出来，他们死里逃生，获得生机。

消防自护小窍门

被大火困住应怎样自救与逃生？

1. 楼房火场逃生。

（1）要镇静分析，不要盲目行动。要明确自己所在的楼层，要回忆楼梯和楼门的位置、走向；分析周围的火情，不要盲目开窗开门，不然会助长火势，也不要盲目乱跑、跳楼，造成不应有的伤亡。

（2）要选好逃生办法，不要惊慌失措。如必须从烟火中冲出楼房，要用湿毛巾、衣服等包住头脸，尤其是口鼻部，弯腰行进，以免受呛窒息。如楼下虽已有火，但火势不大，就从楼梯冲出去。如楼梯坏了冲不出去，可利用房屋的老虎窗、阳台、水漏管，或用绳子（可将衣服或床上用品撕成条系成绳索）系在牢固的门窗、重物上从窗口滑下。如果在二三层又无上述办法被迫跳楼的，也要向地面抛些棉被等物以增强缓冲，然后手扶窗台朝下滑，以缩小下落高度并保证双脚落地。如果各种逃生出口均被大火切断，应退至室内，关闭门窗，有条件的可向门窗上浇水，以延缓火势蔓延，也可向窗外扔小东西、打手电以求救。

2. 在失火的楼房内不可使用电梯。

（1）发生火灾时，千万不要乘坐电梯，因为电梯井直通大楼各层，烟和火苗容易涌入。由于烟囱效应的作用，乘客难以承受烟熏火烤，在高温下电梯会失控甚至变形，危及人身安全。救火时，水容易流到电梯内，在水渍的作用下，会造成触电的危险，乘客很容易被困在里面，从而危及生命。

（2）如家用电器或燃气灶起火，应迅速关掉电源或炉灶开关，千万不能往电器、电线或燃气灶上泼水。

3. 人身着火自救方法。

如果身上着火，千万不能奔跑，否则会越烧越旺。可设法脱去衣帽，来不及的话可撕开扔掉。如再来不及可卧倒在地上打滚，或跳到池塘、水池、小河中。倘若其他人在场，可用湿麻袋、毯子等把火人身上的火包起来，切不可用灭火器直接向火人身上喷射，因为药剂会引起伤口感染。

消防知识小博士

当火灾发生时如何逃生？

第四章 安全用电

儿童处在好奇心旺盛的年龄阶段，家长应该多注意家中电源插座、电瓶车等带电危险物品的保管，一旦发生触电事故，应第一时间送至正规医疗机构进行检查、治疗。

第一课 保护自己，远离高压电线

安全警钟小故事

2012 年 5 月 17 日星期六的傍晚，一位四年级男生小峰出去玩没有回家吃晚饭，他的家人等了一夜，仍不见儿子回家睡觉。

小峰的家在村边一个山沟里，附近是废弃的工厂，那里有一个两层的旧楼，楼旁是高压电线杆，下面的变压器被人偷去了。

5 月 18 日下午 4 时 40 分左右，同村人高某正好路过这个工厂，看到一个孩子的尸体倒挂在原来装变压器的砖墙上，脸已经烧得焦煳发黑。后来证实死者正是这位失踪的小学生小峰。父母闻讯赶来，悲痛不已。

安全自护小知识

1. 严禁在高低压电线下玩耍、竖电视天线和钓鱼。

2. 发现电线断落，无论带电与否，都应视为带电，应与电线断落点保持足够的安全距离（10 米以外），并及时向有关部门汇报。

3. 发现有人触电，不能直接接触触电者，应用木棒或其他绝缘物将电源线挑开，使触电者脱离电源。

高压电线在生活中随处可见，因其高度的危险性，我们需要格外注意。

安全知识小博士

小峰的惨剧告诉我们什么？

第二课 “咬手”的硬币

安全警钟小故事

6 月 2 日上午，区人民医院急诊室里传出一阵震耳的哭声，引来不少人的注意。“妈妈，妈妈，疼！”哭声的主人是一个 2 岁的小男孩，名叫小豪。只见小豪右手的大拇指、中指和无名指上段黑漆漆的一片，而中指上还有两个水泡。

原来，小豪和表姐在家玩耍的时候，把一枚一元硬币塞到了电瓶车的充电口。就在那一瞬间，充电口冒出了火花，把小豪的手给电伤了。“幸亏当时车子没在充电，否则后果真的不堪设想啊。”回忆起当时的一幕，小豪的妈妈仍然心有余悸。

“这已经是他第二次被电瓶车充电口电到了！”小豪妈妈点了点儿子的脑袋无奈地说，“他太调皮了，之前用钥匙去碰充电口，也冒了火花，还好钥匙上有塑料，没有伤到他，这回他是真的吓坏了，看来可以安分一段时间了。”

同学们，一定要吸取小豪的教训，保护好自己。

安全自护小知识

电瓶车是一个用电作为动力的交通工具，即使在没有充电和启动的情况下，其充电口上的金属片也是时刻带电的，同学们千万不能用手或拿金属的物品去与其接触。

安全知识小博士

为什么硬币和电动车的充电口相碰会“咬”到手呢？

第三课　烧伤的手指

安全警钟小故事

昨日，一对家长带着4岁的儿子来到市中医院。医生仔细检查孩子的手后，发现孩子的右手食指已经肿胀变干，即使接受治疗，孩子的手指也会留下后遗症。听完医生的诊断后，这对家长后悔莫及，因为他们的疏忽大意而导致孩子意外受伤，还拖延了孩子的病情。

据孩子父母回忆，事发当日，孩子自己在屋子里玩，因为好奇，将手指往插座里伸，家里的电瞬间跳闸，孩子哭喊起来。孩子的右手食指被电烧伤，食指肿得和大拇指一样粗。由于孩子其他地方没有受伤，家长给孩子的手指涂了些药膏，就没有带孩子去医院检查。谁知4天后，孩子的手指不仅没有消肿，反而更加严重，手指肿得更粗，变得发干。这时，孩子的父母才慌忙带着孩子到医院就诊。接诊的市中医院烧伤科医生赵理山介绍说，孩子的手指被电深度烧伤，右手食指肿胀变干，由于没有及时接受治疗，将来孩子手指很可能会留下后遗症。

安全自护小知识

每个电源插座上面都有2个或3个窟窿眼，窟窿眼里就有电。只要把收音机、电视机、电冰箱、洗衣机等电器的插头往插座里一插，拨动开关，收音机和电视机就能收到节目，电冰箱就能制冷，洗衣机就能洗衣服。要是用手去摸电源插座，那是很危险的。因为插座带电，要是手碰着了电，轻则被电打一下，手又麻又疼，重则就会被电死。

安全知识小博士

你能从这幅图中学到什么自护知识？

第五章　社会生活安全常识

小学生虽然年龄尚小，但已经不同程度地接触了社会。目前社会治安中仍然存在一些问题需要解决，社会上还存在违法犯罪现象，小学生遭到不法分子侵害的情况也时有发生。所以，小学生很有必要学会正确认识遇到的人和事，明辨是非，区分真善美和假恶丑，提高预防各种侵害的警惕性，消除对危险的麻痹和侥幸心理。同时也要树立自我防范意识，掌握一定的安全防范方法，增强自身的防范能力，使自己在遇到异常情况时，能够冷静、机智、勇敢地去应付。本章中所选用的安全警钟小故事均为真实案例，希望能启迪同学们。

第一课　遇到不法分子侵害时如何报警

安全警钟小故事

2012年2月20日是某市小学开学的日子。中午12点10分左右，14岁的李某和杨某拿着课本从学校回家，刚走到离学校数百米的新城巷一网吧门口，就被3名来势汹汹的男青年拦住去路，其中一人拔出30多厘米长的砍刀，要求2名学生“走一趟”，说着就将2人挟持到网吧所在楼房的楼梯转角处。持刀男子随即将刀抵在李某的身上，叫其将身上的钱全部交出来。另外2名男子便在李某身上搜查。搜查未果，几人转身又准备搜杨某。见此情形，李某借故找钱立即巧妙脱身。知道在街道对面近百米外就有交警队的李某，迅速越过街道，跑到交警一大队值班室报警，称有人对学生抢劫。接到报警的中队长蒋某和民警赶紧跟李某一起迅速往现场跑去，同时向其他民警呼叫以寻求支援。等2位民警跑到现场，3名男子刚将杨某身上的2元钱搜走，正提刀准备对另外的人拦路抢劫。

“不许动！”“蹲下！”2名交警见状大声吼道。3名男子被“从天而降”的民警吓傻了眼，当即乖乖地蹲在地上。此时，闻讯前来增援的多名交警也堵住了网吧所在楼房的所有通道，进行了彻底搜查。

3名男子很快被带回交警一大队。据对方自己介绍，3人同为高坪区人，均只有16岁左右，目前已不再读书，到顺庆区来是想趁开学之机找学生“弄点钱”。随后，3人被顺庆区公安分局西城派出所的民警带走，接受进一步调查。

在交警一大队，记者见到了报警的李某和当事人杨某。刚满14岁的李某称，当时看到对方拿着刀，3个人的个子都比自己和同学高，开始还是很害怕。想起平时老师和家长教的遇到突发事件的处理方法，自己很快就镇静下来，先稳住对方进行周旋，然后伺机设法脱身。李某称，在对方搜他身的时候，他表现得很配合，对方为此也没有特别为难，也就没有动手动刀。一看到3名男子转移注意力，他立即慢慢退出转角来，避开了他们的视线，迅速朝在路边有警察标志的交警一大队跑去报警。

“李某的表现非常勇敢！”在交警一大队，跟随李某一起出警的民警称，“如果李某不大胆、不冷静，没有及时报警，那3个娃儿肯定抓不到，他们也肯定还要抢劫其他学生。”

对于同学们在遇到这种情况时该怎么做，中队长蒋某现场支招：“碰到抢劫，应尽量保持镇静，不要惊慌，要注意保护好自己。另外，无论如何都要记住抢劫者的人数和体貌特征，以便事后及时报警或报告老师。如果现场条件许可，还可以及时呼救。”为了预防遭遇抢劫，蒋某特别提醒同学们要远离学校周围一些游手好闲、奇装异服的人；在上学、放学时和同学结伴而行；尽量走人多的大路，避开僻静的小巷；随身携带的财物（如钱包、手机等）也不要轻易外露；放学后一定要及时回家，不要到游戏室和网吧去，因为在这些场所玩耍，很容易被坏人作为抢劫对象。

安全自护小窍门

中小学生受到违法犯罪分子的直接威胁和侵害，仅凭同学们自身的力量很难防范，最有效的方法就是向公安部门报告。

1. 匪警电话的号码是110。这个号码应当牢记，以便发生异常情况时及时拨打。

2. 拨打110电话，要简明、准确地向公安部门报告案件发生的地点、时间、当事人、案情等内容，以便公安部门及时派人员处理。

3. 打报警电话是事关社会治安管理的大事，千万不要随意拨打或以此开玩笑。

安全自护小博士

如果遇到抢劫，没有电话，该怎么办？

第二课　怎样避免陌生人闯入家中

安全警钟小故事

《小鬼当家》这部影片相信很多小朋友都看过，还记得那个独自在家，以过人的智慧和勇敢一次次保护了家庭安全的小鬼吗？寒假、暑假期间，由于爸爸妈妈外出上班，许多小朋友大部分时间都是一个人待在家里，有的犯罪分子便乘虚而入，利用各种欺骗手段实施犯罪。

星期天下午，12 岁的小婧正在家中看电视，忽然听到有人敲门。小婧小心翼翼地开了一条缝，透过外面的防盗门，只见一位看起来平易近人的花甲老人站在门口。那位老人说，自己是邻居的爸爸，刚从乡下来的，可是儿子家里没人，自己口渴了，只想喝点水。小婧听了，毫无顾虑地就开了门。没想到，防盗门刚一打开，那人便顺势挤进屋里，并嘭的一声把门反锁上。小婧还没反应过来，老人已用一只手紧紧地捂住了她的嘴，并狠狠地把她按在沙发上，用绳子反绑住她的双手。拿了钱和贵重物品之后，老人并没有马上离开，而是对沙发上的小婧又进行了绑架……

其实这个老人早就来踩过点，他发现小婧经常一个人在家，所以就编造了借水喝的理由诱骗小婧开门。而孩子的世界是天真的，他们根本不懂得坏人往往是非常狡猾的。

还有一个真实的故事：有一天，小学生小林一个人在家写作业，突然听见有人敲门。小林非常警觉地问："谁呀？"因为妈妈说要小心坏人，不能让任何陌生人进家，小林时刻牢记。"修煤气的，"敲门人接着说，"闻到煤气味了吗？楼下的煤气管爆了，管道一直裂到你们家，必须赶快抢修，不然会发生爆炸。"来人说得十分急迫。小林想起妈妈和老师的话，煤气泄露容易引起爆炸。小林透过防盗门往外一看，只见两个年轻人身着蓝色工作服，穿着和过去来检修煤气的工人师傅一模一样。小林以为他们真是来修煤气管的，不会有假，于是就打开了防盗门。两个陌生人刚一进家，意想不到的情况就发生了。他们一个反锁防盗门，另一个迅速捂住小林的嘴，往他嘴里塞上毛巾，两个人将小林捆绑得结结实实的，扔在沙发上，然后将小林的家洗劫一空……

像这样的悲剧还有很多，歹徒都是以求助方式诱骗、用正当借口诱骗、用"亲近法"诱骗、用"意外"事件诱骗等方式来引诱单纯的小朋友。如果你的爸爸妈妈有事，只留你一个人在家，这个时候，你该怎么办呢？

安全自护小窍门

小朋友，当你独自在家时，怎样自己保护好自己，让家长真正放心呢？

第一，自己一人在家时，要锁好防盗门、防护栏等。出去玩要要关好门窗，防止盗贼潜入。

第二，来访者提出问题时，你可以隔门与其对话；如果要帮助来人，可以将纸和笔递出去给他写，切不能开门让他进来。

第三，对自称是修煤气、修水表、修电表、修电话等的来人，可以给爸爸妈妈打个电话，或者给小区物业管理部门、派出所等打个电话，问一下情况，一个电话就能避免一场灾难。

第四，当有人说是爸爸或妈妈的同事时，可以反问他爸爸妈妈的名字。如果回答不上来，证明他们是骗子。假如他们说是送水果、饮料等物品的，不能信以为真，更不能让他们把物品搬进家里。记住，他们放在门口时不要以为他们已走了，可能他们就躲在不远处，你一开门出来看东西，他就冲进来了，那时后悔也来不及了。

安全自护小博士

1. 如果窃贼已经进屋，但没有发现你，你该怎么办呢？

2. 如果窃贼已经发现你了，你又该怎么办呢？

第三课　不要给陌生人带路

安全警钟小故事

放寒假了，刚上四年级的小阳在放寒假后经常独自找同学玩耍，地点就在离家不远的公园，由于小阳很懂事，家人也放心他独自在外玩。

1 月 18 日下午 3 点多，小阳和往常一样来到这里玩，小伙伴都不在，他就自己蹲在草地上玩耍。这时，一个叔叔走过来问路，并请他带路，他感觉叔叔语气挺和蔼的，看起来很需要帮助，就答应他了。“叔叔带我走到一辆面包车前，我看到车上还有另外 2 个叔叔，他把我抱上车后车子就开走了。”3 名男子上车后迅速驾车离开，一个多小时后才停下来。小阳这才问是哪里。1 名男子说车胎爆了，要修好后才能送他回家。于是，小阳就跟着 3 名男子来到一个偏僻的居民楼 2 楼的小房间。

这时，3 名男子先是问小阳家里房子有多大，爸爸妈妈的工作是什么，上班地点在哪里，然后又问了小阳妈妈的手机号。“然后一位叔叔告诉我，现在 4 个车胎都爆了，刚修好 3 个，还有 1 个得出去买才行，今晚很难送我回家了，必须住在那里，第二天才能回去。”

天真的小阳不知道 3 人是劫匪，安安静静地在“叔叔”家里到处找东西玩。由于 3 名男子将晚饭做得很丰盛，有鸡肉，有火腿，还炒了几盘青菜，小阳竟然觉得还不错。更让他开心的是，晚饭后 3 名男子让他玩电脑游戏。于是小阳开开心心地玩起游戏来，忘记了回家的事，更不知道可怜的父母正为寻找他而焦虑万分。

而此时，小阳眼中善良的“叔叔”打电话给小阳的父母，勒索 10 万元。直到警察赶到，小阳还不知自己被绑架了。

安全自护小窍门

1. 千万不要和陌生人搭话，不要给陌生人带路。
2. 不要吃陌生人给的食物。
3. 不搭乘陌生人的便车。

安全自护小博士

在路上遇到陌生人和你搭话，你会怎么做呢？

第四课　公共场所如何自我防范

安全警钟小故事

小帆是北京市某小学一名四年级的学生，家庭条件优越，其父给他买了一款 1 万多元的高档手机。拿到手机后，小帆不时在同学面前炫耀。社会少年李某和王某得知后，在小帆回家的路上，将其拦下，用暴力威胁将手机搜走。

几天后，李某、王某2人对小帆表示，“想要回手机拿3000元，算是保护费”，如果不交钱，就用烟头烫小帆。第二天，小帆从家里偷出3000元，交给了李某和王某。小帆父母得知情况后报警，李某和王某被警方控制。日前，2名男子被北京海淀法院以抢劫罪和敲诈勒索罪各判刑3年和4年。

安全自护小窍门

外出或在公共场所，同学们遇到的社会情况会比较复杂，尤其需要提高警惕，在自我防范方面应当注意：

1. 应当熟记自己的家庭住址、电话号码以及家长姓名、工作单位名称、地址、电话号码等，以便在急需联系时取得联系。

2. 外出要征得家长同意，并将自己的行程和大致返回的时间明确告诉家长。

3. 放学、外出结伴而行，不单独行动，平时熟记上学放学途中的报警点、门岗和保安的位置，以便及时求助。外出游玩、购物等最好结伴而行，不独来独往，单独行动。

4. 不接受陌生人的钱财、玩具、食品等，与陌生人交谈要提高警惕。

5. 不把家中房门钥匙挂在胸前或放在书包里，应放在衣袋里，以防丢失或被坏人抢走。

6. 不独自往返偏僻的街巷、黑暗的地下通道，不独自一人去偏远的地方游玩。

7. 财不可外露，太招摇容易成为勒索目标。

安全自护小博士

放学时，小芳遇到一位开车的阿姨，自称是妈妈的朋友，还报出了小芳家的地址，并说可以将她捎回家，小芳该怎样做呢？

第五课 被歹徒盯上怎么办

安全警钟小故事

4 月 6 日下午 2 点 30 分左右，正是上学时间，惠州市南雁小学校门口，学生有的三五成群结伴来到学校，有的独自走路，校门口聚集了嬉戏和买文具的学生。校门口正前方站着 5 个年龄稍大的少年，其中 2 个穿着某中学的校服，另外 3 个穿黑色紧身衣。一名南雁小学学生正掏给他们几块钱。随后，这 5 人逆着学生上学的路往回走，路上拦住另一名小学生，该小学生直接翻出自己的口袋，表示身上没带钱。其中一人在该小学生头上打了一下，才继续走。

一年级学生小陈当天上午上学途中就被勒索了 1 块钱。“是学校里读六年级的 2 个人干的。他们找我要钱，我说没有，他们就打我的头，用脚踢我。”小陈说，他只好把随身带的要捐给灾区的 1 块钱给了那 2 个人。“他们还不许我对别人说，不然要

打我。有时候 1 块、2 块，有时候 5 块、10 块。”

安全自护小窍门

社会上一些不法分子为了达到某种目的，常会以中小学生作为侵害对象。遇到这种情况可以采取下列措施：

1. 发现被歹徒盯上，不能惊慌，要保持头脑清醒、镇定。同时，根据自己的体力和心理状态、周围情况、歹徒的动机来决定对策。

2. 如果只是被歹徒盯上，应迅速向附近的商店、繁华热闹的街道转移，那里人来人往，歹徒不敢胡作非为；还可以就近进入居民区求得帮助。

3. 如果被歹徒纠缠，应高声喝令其走开，并以随身携带的雨伞和就地捡到的木棍、砖块等做防御，同时迅速跑向人多的地方。

4. 遇到拦路抢劫的歹徒，可以将身上少量的财物交给歹徒，应付周旋，同时仔细记下歹徒的相貌、身高、口音、衣着、逃离方向等情况，事后立即向民警或公安部门报告。

安全知识小博士

如果你在校外遇到了拦路抢劫的歹徒，你会怎么做？

第六章 网络安全

长期在电脑屏幕前工作，不仅会影响人的视力，还会改变脑电波，给身体带来不利影响。美国学者穆蒂曾做过研究，认为这种不利影响首先是对脑电波的影响，会形成两种有害的脑电波，一种是睡眠性的脑电波，还有一种是快速锯齿脑电波，都会使人失去判断能力，容易使儿童患上痴呆症。

第一课 沉溺网络太危险

安全警钟小故事

17 岁少年小新（化名）为了偷钱上网，竟然将奶奶当场砍死，将爷爷砍成重伤。事后，小新投案自首。

2 年前，小新开始沉迷在网络里，学习成绩陡然下降，初中还没有毕业便辍学。因担心儿子整天沉迷于网络，小新的妈妈让他照看家里的台球桌。小新把看台球桌挣的钱拿去上网。后来家里不再提供上网的钱，小新就想到了偷。今年 6 月上旬，小新偷了爸爸 2000 多元在网吧待了一个星期。父亲的一顿打骂对小新来说已经起不到任何作用。仅仅几天后，上网的欲望又像虫子一样噬咬着他的心。此时，爸爸月初给奶奶生活费时说的一番话浮现出来。“爸爸说爷爷那儿有4000多块钱，当时听了也没太注意，后来就想去偷爷爷的钱。6月15日中午我就去爷爷家。晚上，看爷爷奶奶都已经睡了，就去翻，可一想怕把奶奶吵醒了，就想用菜刀把奶奶砍伤了再翻。”

睡梦中的奶奶倒在了血泊中，响声惊动了爷爷。不顾一切的小新又拿菜刀砍向了他。爷爷受伤后逃出家门。小新翻箱倒柜也没有找到那4000元钱，只在奶奶兜里找到了2元钱。事后，小新的爷爷说，那是奶奶为孙子准备的早点钱。小新捏着2元钱在村口的一个洞里躲了起来，思来想去，还是投案自首了。

小新告诉记者，奶奶最疼爱他，有什么好吃的都惦记着他。他在看守所里最想念的就是九泉之下的奶奶。“我当时只想着拿到钱后就去网吧，根本没想后果。如果让我在上网和奶奶之间重新选择，我肯定选择奶奶。”说到这里，他痛哭起来。

安全自护小窍门

因特网是一个信息极其丰富的百科全书式的世界，信息量大，信息交流速度快，自由度强，实现了全球信息共享。学生在网上可以随意获得自己需要的信息。在网上浏览信息，认识世界，了解世界最新的新闻信息和科技动态，极大地开阔了中学生的视野，给学习、生活带来了巨大的便利和乐趣。然而，网络是一个信息的宝库，同时也是一个信息的垃圾场。网上各种信息良莠并存，真假难辨，对于我们小学生来说，正确辨别是非的能力不强，所以，应该在父母的指导下正确上网。

安全知识小博士

小学生能去网吧吗？

第二课 怎样安全上网

安全警钟小故事

小明正在读小学六年级，闲暇时，他喜欢玩网游。前不久，他上网玩网游时，看到一网名为“紫缘网络”的人在网页的平台上说，可以为其购买手机充值卡，提供游戏装备。“我跟他在QQ上交流过，他自称是一网络公司的工作人员，说他们公司专门为玩家提供游戏装备，还让我看了营业执照。”小明就信以为真。

按照“紫缘网络”的要求，小明先购买了100元的充值卡，而后将充值卡号和密码通过QQ传给对方。对方收到后，又以还需购买装备解密卡为由，让其购买了200元的充值卡。而后，对方又说需要清空装备端口资料，又让小明购买了200元的充值卡。此后，对方就杳无信息，消失不见了。此时，小明才发觉自己上当受骗了。

小明的妈妈得知这一情况后，很气愤。她说，现在的中小学生都涉世未深，非常容易轻信别人。她想借自己儿子的遭遇，提醒痴迷网游的中小学生，谨防上当受骗。

安全自护小窍门

小学生安全上网的方法。

1. 上网前与父母或其他成年人一起建立一个上网规则，先确定一天当中花多少时间上网是合适的，决定什么能做什么不能做；在熟悉互联网之后，可以和长辈商量，修改上网规则，然后把规则放到电脑上容易看到的地方。

2. 不要跟其他任何人共享密码。

3. 在其他人了解你的信息资料前，应得到父母的允许。

4. 进一个聊天室之前，要与你的父母或你信任的成年人检查这个聊天室。不同的聊天室有不同的规则和不同类型的人，在进入聊天室之前，你和你的父母应该确保这个聊天室是一个适合你的地方。

5. 如果在网上看到的某个东西使你觉得不舒服，离开这个网址，并告诉父母或老师。

6. 不要随意通过电子邮件把照片发给其他人。

7. 如果收到不想要的，故意冒犯，恶意中伤，带有威胁性、骚扰性的电子邮件，不要回复，马上告诉家人。

8. 互联网上的东西不一定是真实存在的，不要随意在网上泄露个人年龄。

9. 在网上购物之前，先征求你父母或监护人的意见。

10. 没经过父母或监护人允许，不要在网上泄露自己的全名，不要在网上泄露家庭地址，不要泄露电话或手机号码，不要泄露你学校的名字。

11. 不要打开来自陌生人的电子邮件或文件，你不知道里面可能有什么，文件可能包含计算机病毒或冒犯性的材料。

12. 未经父母的允许，不要去见网友，特别是单独会见网友。如果你确实想去，要跟父母或监护人一起去。

13. 记住，在网上共享的任何关于个人的信息都能够被在线的任何一个人看到。

14. 如果某个人问你太多的个人问题，当心，不要跟他说。

安全知识小博士

关于安全上网，你有什么想说给同学们听吗？

第七章　校内外集体活动安全常识

组织学生参加集体活动和劳动社会实践，事先必须对学生进行安全教育，特别要强调遵守纪律，服从管理，听从指挥。活动在老师的指导下进行，不宜组织学生参加有毒、有害、高温、繁重体力劳动等特种作业。

第一课　上课应注意哪些安全事项

安全警钟小故事

故事一：小青和小强是前后桌，4 月的一天，打过上课铃后，两人拿起铅笔玩起了铅笔大战。两人正玩得开心，小青手一扬，铅笔戳到了旁边小红的眼睛。经医院检查，小红的眼睛被铅笔划伤，视网膜损伤。

故事二：10 岁的学生小张上体育课时将球踢出墙外，小张请同班同学小王帮她爬上围墙捡球。小王不慎摔成二级伤残。

安全自护小窍门

上课时，也存在安全隐患，同学们也要注意。

1. 手工课、美术课等要求使用小刀、剪、针、锤等工具时，才能将安全的学生用品带到学校，否则，这些工具不能随身带进学校。若使用，须经老师同意方可拿取，并在老师的监督下使用，用完后立即放回原处。在课堂上使用这些工具时要小心谨慎，防止划伤、刺伤自己或前后的同学。

2. 课间活动不要做危险的游戏，观看别人进行体育活动，要注意自己的位置是否安全，避免飞来的篮球、足球等伤及自己。

3. 体育课在中小学阶段是锻炼身体、增强体质的重要课程。体育课上的训练内容是多种多样的，因此安全上要注意的事项也因训练的内容、使用的器械不同而有所区别。短跑、跳远等项目要按照规定的要求去做，这不仅仅是竞赛的要求，还是安全的保障。

安全知识小博士

请同学们看一看，上体育课时哪几种行为是错误的。

1. 上衣、裤子口袋里装钥匙、小刀等尖锐锋利的物品。

2. 佩戴各种金属的或玻璃的装饰物。

3. 头上戴着各种发卡。

4. 患有近视眼的同学，如果不戴眼镜可以上体育课，就尽量不要戴眼镜。如果必须戴眼镜，做动作时一定要小心谨慎。做垫上运动时，必须摘下眼镜。

5. 不要穿塑料底的鞋或皮鞋，应当穿球鞋或一般胶底布鞋。

6. 衣服要宽松合体，有条件的应该穿着运动服。

第二课　春游时的安全

安全警钟小故事

故事一：每年三四月份，都是春游的好时候。学校组织学生春游，常常会选择去动物园。

有一次，一个三年级的小男孩，看到鹦鹉学人说话觉得很有意思，便想让鹦鹉学他讲话。没想到鹦鹉非但不学他说，而且还骂他“傻瓜”，这当然不是鹦鹉真的骂他，只不过是前面的游客无意中教会它说了。其他小朋友都哈哈大笑，这小男孩觉得自己很没面子，便捡起地上的小石子砸鹦鹉。鹦鹉被他砸疼了，飞起来把嘴伸出鸟笼，啄伤了小男孩的手。男孩子就哇哇大哭了起来，那样子真是看了心疼。因为手被啄破了，只好赶紧到医院打了预防针，弄得老师和家长都团团转。

原本开开心心的春游，没想到发生这么不愉快的事情。

故事二：6 岁女孩瑞欣随母亲和两个堂姐去昆明圆通山动物园春游，观看动物表演。动物表演结束后，表演队组织者开始安排老虎与游客合影，并要求游客在铁栅栏外排队等候，按顺序进入铁栅栏内照相。当时，瑞欣和她的两个堂姐排在第三位，她们进去后，3 人一排地站在老虎屁股后面，等待照相。谁知相机的闪光灯一闪，老虎突然将爪子按在瑞欣的头上，随后张开血盆大口把瑞欣的脑袋咬在口中。她母亲见此情景，立刻伸手去营救，被老虎咬伤左手。5 个驯兽员见状拿着木棍、板凳不停向老虎砸去，直到板凳都砸烂了，老虎才松开嘴巴。此时，小瑞欣的小脑袋被老虎咬在嘴里整整一分钟。

等老虎松开口后，瑞欣已生命垂危。120 救护车赶紧将母女二人送往医院，一个小时后欣瑞经抢救无效身亡。医生说，瑞欣头颅开放性损伤，血流过多，窒息而亡。

安全自护小窍门

1. 如果迷路了，最好的求生办法是待在一个地方，等着被人发现。

2. 带支小笔形电筒，挂在钥匙链上或别在夹克、外套的内层。告诉孩子这不是玩具，只有在紧急情况下才能使用。

3. 在外套拉链上挂个小哨子。如果孩子迷路或受伤，哨子是最理想的发求救信号的工具。

4. 注意交通安全，不奔跑打闹，不乱穿马路，不单独行动。

5. 远离水边，切不可下水或在水边嬉戏。

6. 别惹小动物生气，远离具有攻击性的庞大动物。

安全知识小博士

春游时，小明悄悄在书包里放了一个弹弓，准备打鸟，这样做对吗？

第八章 食品安全

看着孩子一天一天长高长壮，父母们在激动和欣喜之余总会有新的问题出现：应该给孩子吃什么？吃多少？怎么吃？什么东西不能吃？什么东西要少吃？怎样让孩子坐在餐桌前乖乖地吃饭？怎样面对孩子的偏食、挑食和厌食？孩子生病了吃什么？不同季节和时令饮食上应做什么改变？这些都直接影响孩子的正常发育和他们成人后的健康状况，也是良好生活习惯形成的重要一环。而在日常生活中，一些不卫生的饮食习惯和行为尚未得到重视，对身体健康十分不利。“病从口入”这句话讲的就是这个道理。

第一课 对“三无”产品说“不”

安全警钟小故事

故事一：家住田家庵附近的 8 岁女孩小赵在吃过一包没有标签标识的名为“回锅肉”的小零食后，腹泻腹痛得厉害，被 120 急救人员送往第八人民医院。

据女孩称，这袋小食品是她花 5 角钱从附近的小商店里买的，上面没有保质期等。医护人员称，小赵很可能是吃了变质腐败的食物引起中毒反应。经过洗胃催吐，小赵已脱离危险。

故事二：据琳琳的爷爷介绍，大约在2周之前，他的孙女琳琳开始央求爷爷给她买小食品吃，而且还专门点名要一种叫"虹猫蓝兔七侠传"的膨化食品。看到孙女喜欢吃，明明知道儿媳反对给孩子吃小食品，爷爷还是瞒着儿媳给孙女买。

11月30日上午，爷爷又到超市一次性购买了10袋"虹猫蓝兔七侠传"膨化食品给琳琳吃。看到爷爷给她买了这么多小食品，琳琳非常高兴，她兴高采烈地倚在沙发上一边吃一边看电视。可是琳琳吃着吃着没有了声音，最后竟然低声哭了起来，琳琳的妈妈忙问她怎么了。在妈妈的追问下，琳琳擦了擦泪水，胆怯地问她的妈妈："我告诉你，你会批评我不？"得到妈妈的肯定回答后，琳琳委屈地说："我在小食品里面吃出一个烟头，当时我在看电视，也不知道是烟头，还咬了一口……"

安全自护小窍门

1. 不购买"三无"（无产地、无生产日期、无保质期）食品、饮品。

2. 不随意购买、食用街头小摊贩出售的劣质食品、饮料。这些劣质食品、饮料往往卫生质量不合格，食用、饮用会危害健康。

安全知识小博士

怎样识别“三无”产品？

第二课 不喝生水，少喝饮料

安全警钟小故事

故事一：某市工商执法人员接徐女士举报，称其小孩喝了在一副食店买的珍珠奶茶后，出现拉肚子现象，怀疑奶茶有质量问题。执法人员随即同徐女士一起前往李集镇某副食店。执法人员看到，该副食店内摆有加工饮料的小机器，桌上摆放着五颜六色的调味料，透过冰柜的玻璃门，还可以看到5杯待售的珍珠奶茶。

经查，这些调味料及果汁，均无厂名、厂址，也没有生产日期和保质期。据副食店负责人交代，其卖的所谓珍珠奶茶就是用自来水、奶精、色素、浓缩果汁、糖精等混合，添加冰块即成。据工商人员介绍，目前，自来水还没有达到直接饮用的标准，用自来水勾兑的这些奶茶的卫生程度可想而知。工商人员当即现场责令副食店负责人补偿徐女士100元，并依法扣留其无照经营奶茶的原料和机器，对其进行立案查处。

故事二：南京某大学学生平时几乎不喝白开水而以饮料解

渴。发病前一天，因运动量大感到特别渴，当天喝2升左右大瓶装的碳酸饮料，之后很快出现恶心、呕吐、头昏，并出现昏迷症状，由同学送至医院抢救。经检查，患者血液里几乎都是糖，被诊断为高渗性高糖昏迷合并酮症酸中毒。专家介绍，该病死亡率超过50%。专家提醒，天气转暖，饮料逐渐成为人们的新宠，特别是年轻人一定要悠着点，别误入“甜蜜陷阱”。

故事三：家住潍坊市东风街向阳苑的小周，夏天喜欢在刚打完篮球后狂喝冰水，冰箱里每天都冰镇着几瓶矿泉水、饮料。16日，潍坊市气温达到33摄氏度，小周下午打完篮球后，半个小时喝了3瓶冰镇矿泉水，晚上在家上网的时候，又吃了点冰西瓜，到了午夜他突然觉得胃部一阵痉挛，头也开始疼起来。一开始小周没在意，可到了下半夜胃疼的症状越来越严重，家人赶紧将他送到医院。经医生诊断，小周的胃下部有一个直径为0.5厘米的穿孔，而且十二指肠也有一截开始溃烂。小周不明白，自己只是喜欢喝点冰水，怎么就导致胃穿孔了呢？

“夏天天气炎热，冷饮解渴自然舒服，凉爽到嘴的时候，也应该注意身体是否承受得了。”潍坊市人民医院急诊内科的刘医生告诉笔者，夏天因喝冷饮上医院的人不在少数，特别是年轻人，贪凉爽痛快，只顾往嘴里灌。据悉，进入6月以来潍坊市人民医院一天最多接诊了2名胃穿孔患者，都是因为狂喝冰水造成的。

医生提醒，夏季饮用冰水冷饮忌过量，补充水分最好还是喝温水，注意保护好自己的胃。

安全自护小窍门

1. 不喝生水。水是否干净，仅凭肉眼很难分清，清澈透明的水也可能含有病菌、病毒，喝开水最安全。

2. 多喝白开水、少喝饮料的人整体饮食更健康。

安全知识小博士

你知道我们每天应喝多少水？怎么喝？

第三课　经常洗手

安全警钟小故事

故事一：家住重庆的70多岁的饶大娘和何大爷，日前因为吃了没有成熟的青李子导致腹泻不止，出现中毒反应，住进了第三军医大学新桥医院急诊科。医生提醒说，未成熟且发涩的青李子不能食用，其中含有有毒的氢氰酸，人吃后比较危险。症状轻的出现肚子痛、拉肚子、头痛、头晕、心悸、恶心、呕吐，重的甚至会出现呼吸困难、意识障碍、全身痉挛等症状。此外，没熟的杏子中也含有氢氰酸，也不要吃。

故事二：用洗衣粉水洗过的桃子不仅“光鲜”而且好卖。8

日，银川工商执法人员检查时发现，一些不良商贩叫卖的桃子大部分都用洗衣粉水洗过。专家提醒，食用这种“水洗桃”会伤害身体。

8日下午，银川市兴庆工商一分局执法人员对辖区内水果店进行了全面检查，发现一些经营者把桃子放进泛着白沫的塑料桶里洗一下，然后捞出来出售。据这些经营者说，用洗衣粉水洗过的桃子，表皮没有绒毛，且十分光滑，桃子外表看起来很新鲜，容易吸引消费者。这样不但卖得快，而且还能卖上好价钱。

有专家指出，经过洗衣粉“脱毛”处理的桃子表面的残留物对人体的消化道有一定的腐蚀作用，食用后会出现腹泻、胸痛、恶心、呕吐等症状，并会造成口腔和咽喉疼痛，对人体健康极为有害。

目前，工商执法人员已经对该市场内商贩的不法行为进行了制止。工商人员提醒市民，在购买鲜桃时要仔细辨别，如有异常应及时向工商部门举报。

安全自护小窍门

1. 养成吃东西以前洗手的习惯。人的双手每天干这干那，接触各种各样的东西，会沾染病菌、病毒和寄生虫卵。吃东西以前认真用肥皂洗净双手，才能防止“病从口入”。

2. 生吃瓜果要洗净。瓜果蔬菜在生长过程中不仅会沾染病菌、病毒、寄生虫卵，还有残留的农药、杀虫剂等，如果不清洗干净，不仅可能染上疾病，还可能造成农药中毒。

安全知识小博士

你知道怎样洗手才能将手洗干净？

第四课 对腐烂食品说“不”

安全警钟小故事

故事一：早上，于大爷到开发区早市闲逛，发现海鲜贩子吆喝的螃蟹挺便宜，5 块钱一斤，凑近一看才知道是死螃蟹。从小在海边长大的于大爷想，刚死的螃蟹应该没问题，再说个大的活螃蟹都得 30 元一斤，太贵了，有点舍不得。于是，于大爷花 15 元钱买了一兜死螃蟹高兴地拿回家了。

于大爷说：“回家我就让老伴把螃蟹洗洗蒸了，当时我闺女来家送过节的东西，我就留她在家吃螃蟹。结果吃完一个多小时后，先是我老伴肚子不舒服，又拉又吐的，接着我和我闺女也这样，吓得我们一家三口赶紧到附近的诊所打吊水。”

开发区医院门诊室的王医生说：“螃蟹死后，体内能产生有害物质，会引起过敏性食物中毒，或者使食者呕吐、腹痛、腹泻。因此，死蟹不能食用。”医生同时提醒广大市民，不宜食用存放过久的熟蟹。因为存放时间长的熟蟹极易被细菌侵入而污染。因此，螃蟹宜现烧现吃，不要存放。万一吃不完，剩下的一定要煮熟蒸透。

故事二：一女子在晚饭时吃了一碗霉冬瓜，晚饭后一个小时左右，全身开始发青，后来颜色越来越深，变成紫黑色，并感到呼吸越来越急促，胸口发闷。她赶紧到杭州市中医院，化验结果是因为过多服食没有腌透的冬瓜而致亚硝酸盐中毒，出现缺氧状态后导致全身发紫、呼吸困难。一个小时后，已用上药的女子逐渐好转。

专家指出，不要小看一碗霉冬瓜，它让人中毒程度严重时会导致死亡。除此之外，各种腌制的蔬菜、豆制品等倘若加工不当，如没腌制透、没蒸煮熟，也很容易中毒。因为这类腌制过的食物中含有硝酸盐，硝酸盐在肠道细菌的作用下还原成亚硝酸盐，并作用于人体内本来具有换氧能力的血红蛋白，使其变成完全没有携氧能力的高铁血红蛋白。由于人体缺少了氧气，就会出现缺氧、四肢口唇发绀、头痛恶心、意识不清等诸多症状。

专家提醒市民尽量少吃这种含硝酸盐比较多的食物，如果非吃不可，一定要买腌制透的、加工熟的。如果吃后出现中毒症状，应及时上医院就诊，以免贻误了病机，危及生命。

故事三：11 日晚，龚女士和家人正在看电视，龚女士突然全身发红，捂着肚子，连连在床上翻滚喊疼。家人一看不对劲，赶紧将龚女士送到医院。遗憾的是，经过 2 个多小时的抢救，龚女士最后还是不治身亡。

在抢救前，医生曾询问过龚女士病情，龚女士向医生坦露，自己曾在前一天早上吃过一块沾有血迹的蛋糕，而这块血迹又有些不同于人血。当时龚女士也出于节省及侥幸的心理，在明知蛋糕有问题的情况下，还是吃下了蛋糕。经过化验后证实，龚女士吃下的蛋糕其实是沾了老鼠血。胡先生也说，因为自家住在一楼，又是老小区，所以家里偶尔也发现过老鼠。

医生证实，龚女士得的病叫出血热，其发病原因是由于吃了带有老鼠血液中的病毒的食物而引起。严重的话就会像龚女士一样得流行性出血热而死亡。

安全自护小窍门

1. 将变质食物煮沸后再吃：有些家庭比较节俭，有时将轻微变质的食物经高温煮过后再吃，以为这样就可以彻底消灭细菌。医学实验证明，细菌在进入人体之前分泌的毒素，是非常耐高温的，不易被破坏分解。因此，这种用加热方法处理剩余食物的方法是不可取的。

2. 把水果烂掉的部分剜掉再吃：有些人吃水果时，习惯把水果烂掉的部分削了再吃，以为这样就比较卫生了。然而，微生物学专家认为：即使把水果上面已烂掉的部分削去，剩余的部分也已通过果汁传入了细菌的代谢物，甚至还有微生物开始繁殖，其中的霉菌可导致人体细胞突变而致癌。因此，水果只要是已经烂了一部分，就不宜吃了，还是扔掉为好。

安全知识小博士

水果有点烂了还能吃吗？为什么？

第九章　传染病的预防和控制

传染病特别受到人们的重视，原因是病毒不仅传染能力强，而且会对身体造成很大的伤害。因此，预防传染病的侵袭对于孩子们来说更是倍加重要，因为他们活动多，抵抗力差，既容易感染传染病，又容易把传染病再传给别人。孩子平时要合理安排饮食和作息时间，加强体育锻炼，增强体质，抵抗病毒的侵害。患病时应及时就医，减少对身体造成的伤害。家中如有人患传染病，在治疗的同时要预防健康的孩子得病，这不仅是为了保护他个人的健康，也是怕他得病后又传染别人。

第一课　预防"流脑"，你准备好了吗？

安全警钟小故事

2010 年 12 月 14 日，广东一所中学的学生曹某出现头晕、头痛、发热等症状，12 月 16 日呕吐 2 次（喷射状），18 日 15 时到播扬卫生院住院治疗，入院时神志不清，18 日 17 时转送高州市人民医院治疗，脑脊液检查提示有化脓性改变，经治疗患者病情稳定。

12 月 15 日，该校另一名学生蒙某身体不适请假回家，随后出现轻微头痛、呕吐 2 次(喷射状)，于 21 日 10 时到播扬卫生院就诊，遂转入化州市人民医院医治；入院时患者神志不清，同是该班学生陈某，12 月 20 日出现头痛发热等症状，21 日早上起床呕吐 2 次，突然晕倒，当日早上 9 时送入播扬卫生院时比较烦躁、神志不清。2 人送到医院时已处昏迷状态，后经治疗后病情趋于稳定。

但在 12 月 20 日中午，该班学生王某出现头晕、头痛，到某卫生站就诊治疗后，患者下午照常上课，晚上留在宿舍休息，约 22 时同学发现王某呼之不应，遂送播扬卫生院抢救，在送院途中患者死亡。

据广东省一专家介绍，4 位患病学生临床诊断是流行性脑脊髓膜炎。

安全自护小窍门

流行性脑脊髓膜炎，简称“流脑”，是由脑膜炎病菌通过呼吸道传播引起的急性化脓性脑膜炎。临床上主要以突发性高热、头痛、皮肤和黏膜出血点或瘀斑及颈项强直等症状为主。卫生部门提醒，如果出现以上症状，请及时到医院就诊，及早进行对症和抗感染治疗，患者一般能治愈。

流脑多发于冬春季节，一般 2 月至 4 月为流行高峰。平时清扫周围环境与室内卫生，注意通风换气、勤晒衣被和儿童玩具；并加强体育锻炼和营养，增强体质，提高机体抵御疾病的能力。

安全知识小博士

同学们，你们知道怎么预防流脑吗？

第二课 预防手足口病

安全警钟小故事

“奶奶，我要花儿。”

沙香茹粉嘟嘟的一双小手伸出三轮车外，伸向仲春的淮北平原的麦田，点缀其间的是黄色的小野花。

而约 20 个小时后，2 岁半的沙香茹却死了。这个会说、爱唱、能数15个数的小男孩，在安徽省阜阳市鼓楼办事处四里小学的学前班，才上了40来天的学。

他被一种“怪病”夺去了幼小的生命。做了32年乡村赤脚医生的爷爷，时常木然呆坐，盯着自己的双脚沉思。直至孙子夭亡已逾3周，他还是想不明白，究竟是啥病夺走了他的孙子。其实，夺去沙香茹“怪病”的正是手足口病。

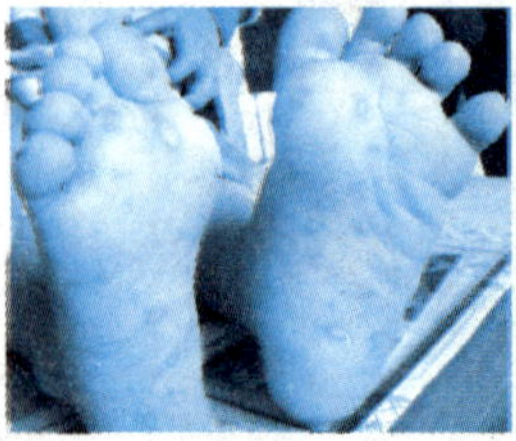
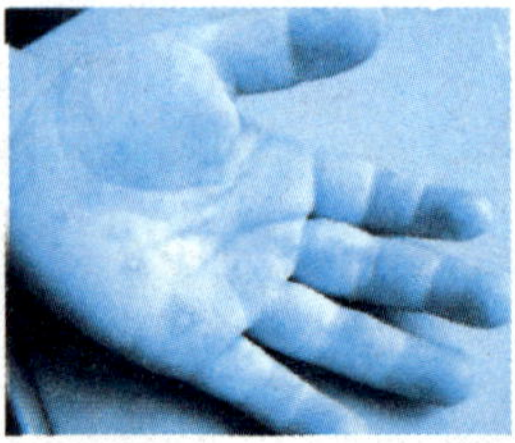
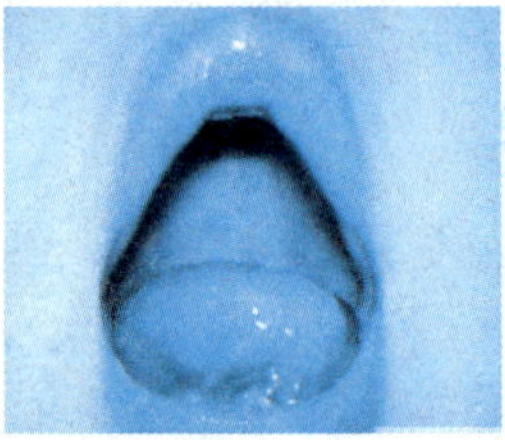

2009年，一种名为“手足口病”的怪病在全国不少地方出现。那么，手足口病到底是一种什么样的病？应该如何预防？

手足口病是一种常见的皮肤病，它是由肠道病毒引起的传

染病，多发生于婴幼儿，可引起手、足、口腔等部位的疱疹，急性起病，发热；口腔黏膜出现疱疹，米粒大小，疼痛明显；手掌或脚掌部出现米粒大小疱疹，臀部或膝盖偶也出现。疱疹周围有炎性红晕，疱内液体较少。部分患儿还伴有咳嗽、流涕、食欲不振、恶心、呕吐、头疼等症状。该病为自限性疾病，多数不留后遗症。极少数患儿可引起脑膜炎、脑炎、心肌炎、弛缓性麻痹、肺水肿等严重并发症。

安全自护小窍门

1. 注意孩子个人卫生，饭前便后一定要洗手。

2. 注意室内空气流通、温度适宜。

2. 多让孩子饮水，多吃蔬菜和瓜果。

3. 对儿童玩具要经常消毒，尽量避免孩子到公共场所，以减少感染机会。

4. 让孩子注意休息，适当锻炼身体，增强抵抗力等。

5. 一旦有发病儿童，要及时就医和隔离，并等孩子痊愈后由医生批准再回到学校，避免孩子交叉传染。

安全知识小博士

现在你知道如何保护自己不受“怪病”的侵害了吗？

第三课　甲型 H1N1 流感

安全警钟小故事

同学们，甲型 H1N1 流感可怕吗？那么老师用一个 6 岁小男孩真实的经历来告诉你。

18 天，对一个人的一生来说是短暂的，而对于不幸患上甲型 H1N1 流感的涵涵来说却是他一辈子的记忆，是他人生中第一次“大考”。

湖南长沙 6 岁的涵涵因甲型 H1N1 流感病毒感染（危重型）、重症肺炎，被送到湖南省儿童医院重症病房治疗，在这短短的18天里，涵涵接受了各种各样的治疗。经过18天治疗，这个男孩最终闯过"鬼门关"。

什么是甲型H1N1流感？症状如何？

甲型H1N1流感为急性呼吸道传染病，其病原体是一种新型的甲型H1N1流感病毒，在人群中传播。与以往或目前的季节性流感病毒不同，该病毒毒株包含有猪流感、禽流感和人流感三种流感病毒的基因片段。人群对甲型H1N1流感病毒普遍易感，并可以人传染人。人感染甲型H1N1流感后的早期症状与普通流感相似，包括发热、咳嗽、喉痛、身体疼痛、头痛、发冷和疲劳等，有些还会出现腹泻或呕吐，肌肉痛或疲倦，眼睛发红等。2009年开始，甲型H1N1流感在全球范围内大规模流行。2010年8月，世界卫生组织宣布甲型H1N1流感大流行期已经结束。

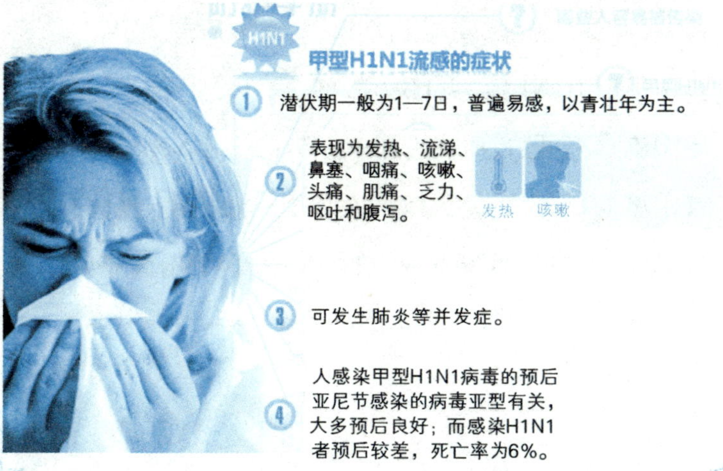

安全自护小窍门

1. 注意个人卫生，经常使用肥皂和清水洗手，尤其在咳嗽或打喷嚏后。

2. 避免接触生猪或前往有猪的场所。

3. 避免前往人群拥挤的场所。

4. 咳嗽或打喷嚏时用纸巾遮住口鼻，然后将纸巾丢进垃圾桶。

5. 合理安排工作和生活，保障睡眠，营养充足，加强体育锻炼，增强身体抵抗力。

6. 如在境外出现流感样症状（发热、咳嗽、流涕等），应立即就医（就医时应戴口罩），并向当地卫生机构和检验检疫部门说明。

预防甲型H1N1流感口诀（一）

一双手要勤洗，打喷嚏掩口鼻，居室常通风，无事少聚集，脏手勿触口，吐痰包纸里，感冒戴口罩，染病要隔离。

预防甲型H1N1流感口诀（二）

甲型流感不可怕，预防治疗有办法：

清水肥皂勤洗手，加强锻炼身体强；充足睡眠精力旺，营养跟上是保障；室内通风空气爽，打喷嚏时掩口鼻；无事大家少聚集，发热、咳嗽、流鼻涕，赶快就医莫迟疑；尽早发现快治疗，早日康复很重要。

安全自护小博士

同学们，以上口诀你们能记住吗？在日常生活学习中，你们能做到吗？

第四课 可怕的腮腺炎

安全警钟小故事

某个礼拜四中午，幼儿园打电话过来说子昊发烧了，中午都没怎么吃东西。爸爸妈妈中午连忙带子昊去看了急诊，高烧38.9℃，医生开始说是咽喉跟扁桃腺发炎，开了一天药，可吃了没什么效果，整个晚上仍然高烧，靠退烧药才勉强撑到天亮。第二天上午又带子昊去看医生，吃了药打了针，白天似乎有好转，但仍然吃不了饭，吃喝都吐，天黑后又高烧了，晚上两个腮帮开始肿起来，这个时候才知道是腮腺炎。晚上是子昊最难熬的，头疼、腮疼、发烧交集在一起，子昊整个晚上都很烦躁，不断喊疼，不停地叫妈妈给药吃，小小年纪主动要喊吃药，可见他是多么难受，爸爸妈妈看见都很心疼。周六一早奶奶妈妈一起又带子昊去医院，打了一瓶吊水，但子昊仍然低烧，吃不了东西。第二天子昊又打了一瓶吊水，仍然低烧，连续烧了 4 天，把子昊整个人都病垮了，家里人的心里都很难受。

这种带有高烧、头疼、腮疼腮肿症状的病就是腮腺炎。看着小子昊难受的样子，我们也很难过。可这种病毒是如何传播的？同学们怎么预防呢？

原来这种病可由打喷嚏、咳嗽等由唾沫传染，也可通过食具或玩具等污染后传染，传染性极强，多发生在 3 岁以上小儿，以冬末春初多见。治疗主要靠休息与护理，热高、肿痛较重者要多喝水。得此病后终生免疫，一般不会再得第二次。

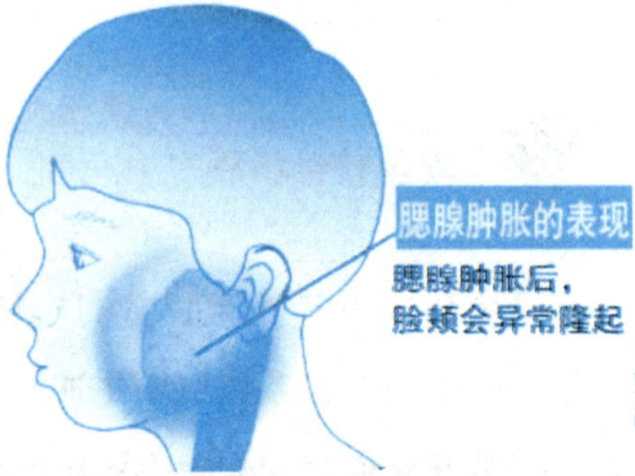

流行性腮腺炎病情一般不重，但病儿不能去幼儿园或上学，需在家隔离，避免疾病传播，隔离期限以腮腺肿胀消退为准。和病儿有过接触的健康儿童，即使已感染了腮腺炎病毒，也要过一定的时期才发病，这段时期称潜伏期。腮腺炎的潜伏期是14—21天，平均为18天。

那么怎样有效地预防腮腺炎呢？

1. 早期发现病人，及时隔离治疗，隔离时间从腮腺出现肿痛前三天至腮腺完全消肿止。

2. 在春季传染病流行季节，不要去人群多的地方，更不要到腮腺炎病人家串门。

3. 对接触过腮腺患儿的孩子要密切观察，通过口服板蓝根冲剂可以起到预防作用。

4. 春季腮腺炎容易在幼儿园和小学流行，对儿童较密的场所可用食醋熏蒸或每天打开窗户让空气对流半小时。

安全自护小窍门

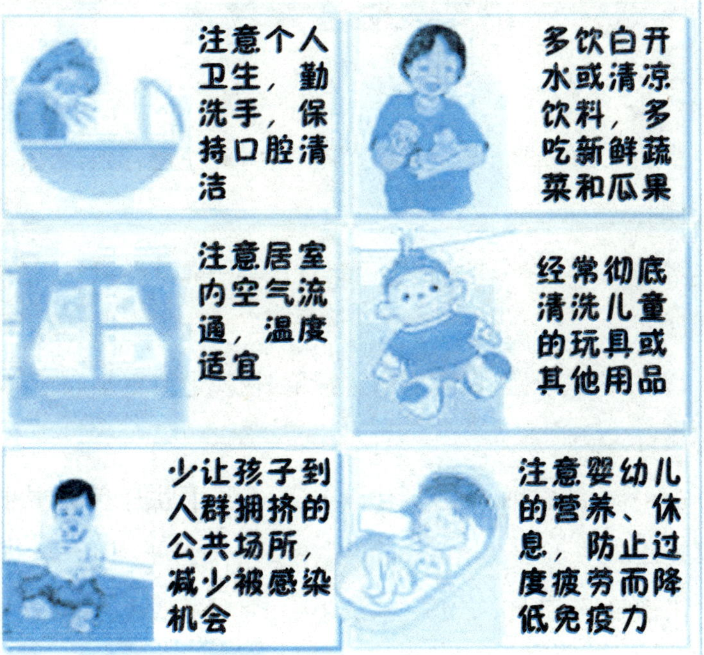

安全知识小博士

你知道为了避免疾病的传播，得腮腺炎后要隔离多少天吗？

附录：

小学生安全知识歌

小朋友，仔细听，安全常识有本经，时时注意言和行，家长老师才放心。

过马路，眼要明，两路纵队靠右行，车辆靠近早避身，举手行礼表深情。

拐弯处，莫急跑，以防对方来撞倒，夜晚走路更小心，不碰墙壁不碰钉。

细小物，注意玩，千万别往口中含，一旦下肚有麻烦，快找医生莫拖延。

饥饿时，嘴莫馋，吃饭之前洗手脸，细嚼慢咽成习惯，这样身体才健康。

照明电，不要玩，千万不能摸电线，电线处处有危险，用电常识记心间。

遇火灾，119，火警电话记心头，速离险境求援助，生命安全是关键。

家来人，不认识，接待不可太随便，哄你出门找爹妈，他就趁机来做案。

闪电亮，雷声鸣，自然现象不虚惊，高墙大树不靠近，导体抛开地上蹲。

遇匪徒，110，匪警电话要记清，机智灵巧去周旋，歹徒被擒快人心。

接热水，要小心，壶倒瓶翻烫坏身，误时花钱且哀痛，医好皮肤不匀称。

大热天，走远程，切记莫把生水喝，肚子痛来头发昏，途中哪里找医生？

青少年，莫玩火，星星之火可燎原，烧了房子烧了山，一不小心要坐监。

冬天冷，要取暖，火区电器要检点，乱七八糟遍地摆，出了火灾后悔晚。

装药瓶，要收好，千万不能乱了套，老人小孩分不清，误食会把命丧掉。

不打架，不骂人，文明礼貌树新人，德智体美全发展，人人争当接班人。

坏故事，莫要听，影响学习误青春，有害书籍更莫看，不会分析会受骗。

安全事，说不完，时刻小心理当然，偶出事故总难免，自觉自愿入保险。

倡保险，促平安，安全知识记心间，园丁精心勤浇灌，安全硕果分外甜。

说安全，道安全，安全工作重泰山，教师学生齐参与，校内校外享平安。